Ingrid Ahnert (Hrsg.)

Spanien

Kochen toll in Form

Con cariño de Lila

Vielfalt ist Trumpf

So vielfältig wie die Landschaft ist auch die Küche Spaniens. Jede Region hat ihre speziellen Nahrungsmittel und ihre typischen Rezepte. Dabei kommt jeder auf seine Kosten – egal ob Fleisch-, Fisch-, Gemüseliebhaber oder süßes Schleckermaul. Doch was wäre ein spanisches Menü ohne den weltbekannten Sherry und die vollmundigen Weine?

Die Freude am Kochen und Essen ist ein Attribut, das auf fast jeden Spanier zutrifft. Essen – so lautet die Devise – kann man überall und zu jeder Tageszeit. Und wer gerade unterwegs ist und nicht am heimischen Herd schalten und walten kann, lässt sich in den unzähligen Tapas-Bars mit kleinen Köstlichkeiten verwöhnen.
Gegessen werden die Appetitanreger mit einem Zahnstocher, mit den Fingern oder mit einer speziellen kleinen Gabel. Im einfachsten Fall kann ein Tapa aus Brot, Olivenöl, Tomaten und Schinken bestehen, doch der Fantasie sind (fast) keine Grenzen gesetzt. Dazu darf ein Gläschen Wein oder Sherry nicht fehlen. Auch bei den Getränken ist Vielfalt die Devise und für jeden Anlass findet sich demnach die geeignete Sorte.
Mit dem Essen richtig los geht's erst nach getaner Arbeit und bei erträglicheren Tempera-

turen. Ein Menü umfasst meist mehrere kleine und große Vorspeisen, als Hauptgang folgen ein Fleisch- sowie ein Fischgericht und als Beilage zu den Speisen isst man Weißbrot. Krönender Abschluss ist ein Dessert, allen voran die berühmte Karamellcreme.

Natürlich wäre ein Menü unvollständig ohne das passende Getränk. Wein ist in Spanien das Getränk schlechthin und jede Region hat ihre besonderen Sorten. Heute sind die spanischen Weine in der ganzen Welt anerkannt. Am bekanntesten weit über die Grenzen Spaniens hinaus sind die Rioja-Weine. Die Weine runden ein Menü nicht nur perfekt ab, sondern verleihen den Speisen auch bei der Zubereitung ihr typisches Aroma.

Eine Wissenschaft für sich ist das Olivenöl, das an keinem Gericht fehlen darf. Selbst für einen Spanier ist es schier unmöglich, alle Sorten zu kennen (in Spanien werden etwa 50 verschiedene Olivensorten angebaut), viel beschränkter ist die Auswahl natürlich in Nordeuropa. Um „sein" Olivenöl zu finden, gibt es nur eine Möglichkeit – probieren. Kaltgepresste Öle (intensiver und teurer) verleihen Salaten aus Gemüse oder Meeresfrüchten einen unnachahmlichen Geschmack, billigere Sorten kann man zum Braten verwenden. Ein geradezu himmlischer Genuss kann es sein, ein geröstetes Weißbrot mit zerdrücktem Knoblauch zu bestreichen, mit Olivenöl zu beträufeln und nach Belieben zu salzen.

Keineswegs zu verstecken vor ihren berühmten kulinarischen Geschwistern müssen sich spanische Fleisch- und Wurstwaren, allen voran der Serrano-Schinken oder die Chorizo oder … oder … oder. Endlos fortsetzen ließe sich die Liste der spanischen Leckereien. Allerhöchste Zeit zum Nachkochen also, wenn man noch keine dieser Köstlichkeiten jemals „vernascht" hat!

Abkürzungen:

kg	= Kilogramm
g	= Gramm
EL	= Esslöffel
TL	= Teelöffel
Msp.	= Messerspitze
l	= Liter
cl	= Zentiliter
ml	= Milliliter
cm	= Zentimeter
Ø	= Durchmesser
°C	= Grad Celsius
TK	= Tiefkühl-
ca.	= circa

Tomaten-Meeresfrüchte-Suppe

Tomaten-Meeresfrüchte-Suppe

ZUTATEN

Für die Mayonnaise

2 Eigelb

¼ l Olivenöl

1 EL Essig oder Zitronensaft

Salz

Für die Suppe

Salz

1 Kartoffel

300 g Riesengarnelen

300 g Venusmuscheln

400 g Seeteufel, enthäutet

1 Zwiebel

250 g Tomaten (frisch oder aus der Dose)

3 EL Olivenöl

schwarzer Pfeffer aus der Mühle

1. Für die Mayonnaise die Eigelbe kräftig verrühren. Das Öl tropfenweise dazugießen und dabei so lange rühren, bis eine homogene Masse entsteht. Den Essig oder den Zitronensaft dazugeben und die Mayonnaise mit dem Salz abschmecken.

2. Für die Suppe etwa 2 l Wasser mit etwas Salz zum Kochen bringen. Die Kartoffel schälen, in kleine Würfel schneiden und zusammen mit den Garnelen in das Wasser geben. Die Garnelen nach 2 Minuten mit einem Schaumlöffel herausnehmen und beiseite stellen.

3. Die Muscheln unter fließendem Wasser gründlich abschrubben, bereits geöffnete Muscheln wegwerfen. Die Muscheln und den Seeteufel zu der Kartoffel geben und alles etwa 10 Minuten ziehen lassen.

4. Inzwischen die Zwiebel schälen, zusammen mit den Tomaten klein schneiden und in heißem Öl andünsten. Alles mit etwas Salz und schwarzem Pfeffer würzen.

5. Den Seeteufel, die Muscheln und die Kartoffel aus dem Sud nehmen. Den Seeteufel in kleine Stücke schneiden, das Muschelfleisch aus den Schalen nehmen, nicht geöffnete Muscheln wegwerfen. Die Krusten der Garnelen entfernen.

6. Den zerkleinerten Fisch, die Muscheln, die Garnelen und die Tomatenmischung wieder in die Suppe geben, alles gut verrühren und nochmals 5 Minuten ziehen lassen.

7. Die Kartoffel zerdrücken und mit der Mayonnaise mischen. Die Masse zur Suppe geben und alles noch einmal gut verrühren.

- *Für 6–8 Personen*
- *Zubereitungszeit: ca. 70 Minuten*

Bohnen-Lamm-Suppe

Bohnen-Lamm-Suppe

ZUTATEN

500 g weiße Bohnen

300 g Lammfleisch aus der Keule

300 g Kartoffeln

200 g Karotten

1 Stange Lauch

4 große Fleischtomaten

1½ l Fleischbrühe

je 1 Zweig Estragon und Thymian

2 Lorbeerblätter

2 Gewürznelken

5 EL Olivenöl

1 EL Tomatenmark

Salz

schwarzer Pfeffer aus der Mühle

1 EL Essig

2 EL saure Sahne

1 Bund glatte Petersilie, grob gehackt

1. Die Bohnen über Nacht in 2 l Wasser einweichen.

2. Am nächsten Tag das Lammfleisch in etwa 1 cm große Würfel schneiden. Die Kartoffeln sowie die Karotten schälen und ebenfalls in 1 cm große Würfel schneiden. Den Lauch putzen, waschen und in breite Ringe schneiden. Die Tomaten enthäuten, entkernen und würfeln.

3. Das Einweichwasser der Bohnen abgießen. Die Bohnen in der Fleischbrühe zum Kochen bringen, Estragon, Thymian, Lorbeerblätter sowie Nelken dazugeben und alles 30 Minuten zugedeckt kochen lassen.

4. Inzwischen 2 Esslöffel Öl in einer Pfanne erhitzen und die Fleischwürfel darin anbraten. Das Tomatenmark dazugeben, kurz durchschmoren und alles sofort zu den Bohnen geben.

5. Die Kartoffeln im restlichen Öl rundherum goldgelb braten.

6. Das Gemüse und die Kartoffeln zu den Bohnen geben. Die Hitze reduzieren und das Ganze offen weitere 20 Minuten unter häufigem Umrühren köcheln lassen. Das Gericht salzen und pfeffern.

7. Die Suppe bei Bedarf mit etwas Wasser verdünnen (sie soll sehr dickflüssig und sämig sein) und mit dem Essig abschmecken. Zum Schluss die saure Sahne und die Petersilie unter die Suppe ziehen.

- *Für 8 Personen*
- *Zubereitungszeit: ca. 90 Minuten (plus Einweichzeit: ca. 12 Stunden)*

Kalte Gemüsesuppe

Kalte Gemüsesuppe

ZUTATEN

200 g altbackenes Weißbrot

200 g Gurke

200 g grüne Paprikaschoten

350 g vollreife Tomaten

1 Zwiebel

1 Knoblauchzehe

1. Die Hälfte des Weißbrotes in kaltem Wasser einweichen. Den Rest in kleine Würfel schneiden und in einer Pfanne ohne Fettzugabe rösten.

2. Die Gurke, die Paprikaschoten sowie die Tomaten waschen und putzen. Die Zwiebel schälen. Die Hälfte des Gemüses klein würfeln und für die Suppeneinlage beiseite stellen.

3. Die Knoblauchzehe schälen und mit dem Kümmel in einem Mixer zerstoßen. Das Weißbrot ausdrücken und mit dem Olivenöl zum Knoblauch geben. Alles gut mischen.

4. Das restliche Gemüse sowie die Petersilie in einem Mixer pürieren und mit dem Essig, Salz sowie Pfeffer würzen. Das Gemüsepüree mit der Knoblauchsauce mischen und so viel Wasser dazugeben, dass die Suppe leicht cremig ist. Die Suppe mindestens 2 Stunden kalt stellen.

5. Das klein geschnittene Gemüse, die gerösteten Brotwürfel und die Suppe getrennt anrichten. Bei Tisch gibt sich jeder die Einlage selbst in seine Suppe.

½ TL Kümmel, gemahlen

3 EL Olivenöl

2 EL Petersilie, gehackt

1 EL Essig

Salz

schwarzer Pfeffer aus der Mühle

- *Für 6 Personen*
- *Zubereitungszeit: ca. 30 Minuten (plus Kühlzeit: mindestens 2 Stunden)*

Fruchtiger Karottensalat *Artischockentortilla*

Fruchtiger Karottensalat

ZUTATEN

2 unbehandelte Orangen

500 g Karotten

2 Knoblauchzehen

3 EL Sherryessig

4 EL Olivenöl

Salz

weißer Pfeffer aus der Mühle

1 TL Kreuzkümmel, gemahlen

½ TL Paprikapulver

1 EL Oregano, gehackt

2 EL Pinienkerne

1. 1 unbehandelte Orange heiß waschen, abtrocknen und die Schale abreiben. Beide Orangen auspressen. Den Saft sowie die Schale in einen Topf geben und alles erhitzen.

2. Die Karotten waschen, schälen, in etwa 5 mm dicke Scheiben schneiden und ebenfalls in den Topf geben. Die Karotten zugedeckt bei mittlerer Hitze etwa 10 Minuten bissfest garen.

3. Den Knoblauch schälen, fein hacken und mit Sherryessig, Olivenöl, Salz, Pfeffer und den restlichen Gewürzen verrühren. Die Karotten abgießen und noch warm mit der Sauce mischen. Den Salat 1 Stunde ziehen lassen.

4. Die Pinienkerne in einer Pfanne ohne Fettzugabe rösten und über den Salat streuen.

• Für 4 Personen
• Zubereitungszeit: ca. 30 Minuten (plus Marinierzeit: 1 Stunde)

Artischockentortilla

ZUTATEN

ca. 16 kleine junge Artischocken

1 Zwiebel

1 Knoblauchzehe

2 EL Olivenöl

6 Eier

Salz

schwarzer Pfeffer aus der Mühle

1. Die Artischocken waschen und von den äußeren Blättern befreien. Den Boden am Stielansatz abschneiden, die Artischocken vierteln.

2. Die Zwiebel und den Knoblauch schälen und fein hacken. Das Olivenöl in einer Pfanne erhitzen und die Zwiebel sowie den Knoblauch darin kurz andünsten. Die Artischocken dazugeben und zugedeckt bei kleiner Hitze etwa 10 Minuten dünsten.

3. Die Eier mit Salz und Pfeffer verquirlen, über die Artischocken gießen und so lange garen, bis die Masse stockt. Die Masse soll etwa 3 cm dick sein (evtl. in zwei Pfannen braten). Die Tortilla in Würfel schneiden und warm oder kalt servieren.

• Für 4 Personen
• Zubereitungszeit: ca. 30 Minuten

Paprika-Knoblauch-Salat

Paprika-Knoblauch-Salat

ZUTATEN

4 Eier

2 Knoblauchknollen

1 kleine Zwiebel

6 EL Gemüsefond

1 EL Essig

½ TL Senf

10 EL Olivenöl

1 Msp. Salz

1 Msp. schwarzer Pfeffer aus der Mühle

1 Msp. Zucker

2 rote Paprikaschoten

2 gelbe Paprikaschoten

2 grüne Paprikaschoten

1 Peperoni

½ Gurke

1 Bund Petersilie, grob gehackt

1. Die Eier in 10 Minuten hart kochen und anschließend grob hacken. Den Knoblauch in Zehen zerlegen. 2 Zehen schälen und zerdrücken. Die Zwiebel schälen und sehr fein hacken.

2. Gemüsefond, Essig, Senf, 5 Esslöffel Olivenöl, Salz, Pfeffer, Zucker und zerdrückten Knoblauch mit dem Mixstab zu einer Vinaigrette aufschlagen und mit der Zwiebel mischen.

3. Die Paprikaschoten und die Peperoni waschen, putzen und in dünne Streifen schneiden. Die Gurke waschen, halbieren, mit einem Löffel entkernen und in dünne Scheiben schneiden. Das klein geschnittene Gemüse in einer Schüssel mischen, anschließend auf einer flachen Schale anrichten und die Vinaigrette darüber gießen.

4. Das restliche Öl in einer Kasserolle erhitzen und die ungeschälten Knoblauchzehen darin knusprig frittieren. Die Zehen herausnehmen und auf Küchenpapier abtropfen lassen.

5. Den Salat mit den gehackten Eiern sowie der Petersilie bestreuen und die frittierten Knoblauchzehen darauf verteilen.

- *Für 4 Personen*
- *Zubereitungszeit: ca. 40 Minuten*

Salat mit Meeresfrüchten

Salat mit Meeresfrüchten

ZUTATEN

Für den Salat

750 g Miesmuscheln

300 g Tintenfische

100 g Garnelen, geschält

1 Schalotte

1 EL Butter

3 EL Petersilie, gehackt

200 ml Fisch- oder Gemüsefond

1. Die Muscheln 1 bis 2 Stunden wässern, dabei das Wasser mehrmals wechseln. Geöffnete Muscheln wegwerfen, restliche Muscheln gründlich abschrubben. Den Tintenfisch putzen und in Ringe schneiden. Die Garnelen auf dem Rücken der Länge nach einschneiden, den schwarzen Darm entfernen und anschließend waschen.

2. Die Schalotte schälen und fein hacken. Die Butter in einem großen Topf zerlassen und die Schalotte sowie die Petersilie kurz darin andünsten. Die Muscheln dazugeben und zugedeckt bei starker Hitze dünsten. Den Fisch- oder Gemüsefond angießen und alles kurz aufkochen lassen. Die Muscheln aus dem Sud nehmen, geschlossene Muscheln wegwerfen.

3. Die Tintenfischringe in den warmen Sud geben und zugedeckt etwa 5 Minuten bei schwacher Hitze ziehen lassen. Anschließend die Garnelen dazugeben und alles weitere 5 Minuten ziehen lassen.

4. Tintenfisch und Garnelen aus dem Sud nehmen. 100 ml Sud beiseite stellen. Das Muschelfleisch aus den Schalen lösen.

5. Für die Sauce den Knoblauch mit dem Zitronensaft, dem Olivenöl und der Petersilie gut verrühren. Den Muschelsud dazugeben und die Sauce mit Salz sowie Pfeffer abschmecken. Die Sauce mit den Meeresfrüchten vermischen.

- *Für 4 Personen*
- *Zubereitungszeit: ca. 50 Minuten*

Für die Sauce

1 Knoblauchzehe, gehackt

Saft von ½ Zitrone

4 EL Olivenöl

2 EL Petersilie, gehackt

Salz

schwarzer Pfeffer aus der Mühle

Calamares auf Salatbett

Calamares auf Salatbett

ZUTATEN

Für den Salat

400 g kleine Calamares

2 Eier

3 EL Mehl

⅛ l Wasser oder Bier

Schale von ½ unbehandelten Zitrone

Salz

schwarzer Pfeffer aus der Mühle

je ½ Kopf grüner Salat und Lollo rosso

100 g schwarze Oliven

1. Die Calamares putzen und in dünne Ringe schneiden.

2. Aus Eiern, 2 Esslöffeln Mehl, Wasser oder Bier, abgeriebener Zitronenschale, Salz und Pfeffer einen Ausbackteig rühren. Den Teig mindestens 10 Minuten quellen lassen.

3. Den Salat putzen, waschen und in mundgerechte Stücke reißen. Die Oliven entkernen und in feine Streifen schneiden.

4. Für die Sauce den Knoblauch schälen und fein hacken. Mit Mayonnaise, Olivenöl, Zitronensaft, Salz sowie Pfeffer mischen und mit dem Mixstab aufschlagen.

5. Das Öl in einem Frittiertopf erhitzen. Die Calamares mit dem restlichen Mehl bestäuben, in den Ausbackteig geben und anschließend im Öl goldgelb frittieren. Die Calamares herausnehmen und auf Küchenpapier entfetten lassen.

6. Den Salat auf einer Platte anrichten, mit der Salatsauce beträufeln und mit den Oliven bestreuen. Die Calamares darauf anrichten.

Für die Sauce

2 Knoblauchzehen

2 EL Mayonnaise

3 EL Olivenöl

1 TL Zitronensaft

Außerdem

½ l Öl zum Frittieren

• Für 6 Personen
• Zubereitungszeit: ca. 1 Stunde

Artischockenböden mit Gemüsefüllung

Artischockenböden mit Gemüsefüllung

ZUTATEN

4 große Artischocken

Saft von 2 Zitronen

½ Zucchino

½ Aubergine

¼ gelbe Paprikaschote

1 Fleischtomate

6 Knoblauchzehen

4 EL Olivenöl

Salz

schwarzer Pfeffer aus der Mühle

1. Die Artischockenstiele abbrechen, damit eventuelle Fasern aus dem Boden mitgerissen werden. Sämtliche Blätter entfernen. Den verbliebenen Boden mit etwas Zitronensaft beträufeln. Das harte Heu in der Mitte des Bodens mit einem Kugelausstecher oder einem Löffel herausschaben.

2. Die Artischockenböden sofort in einen Topf geben und knapp mit Wasser bedecken. Den Saft von 1 Zitrone dazugeben. Die Böden etwa 10 bis 15 Minuten garen.

3. Den Zucchino sowie die Aubergine waschen und von den Stielansätzen befreien. Die Paprikaschote waschen und entkernen. Die Tomate überbrühen, enthäuten und entkernen.

4. Sämtliches Gemüse klein würfeln. Den Knoblauch schälen und in dünne Scheiben schneiden.

5. In einem Topf 2 Esslöffel Olivenöl erhitzen und die Gemüsewürfel sowie den Knoblauch darin andünsten. Die Gemüsemischung mit Salz sowie Pfeffer würzen und in die Artischockenböden füllen. Mit etwas Zitronensaft und dem restlichen Olivenöl beträufeln und die Böden warm oder kalt servieren.

- *Für 4 Personen*
- *Zubereitungszeit: ca. 1 Stunde*

Oliven-Mozzarella-Tarte

Oliven-Mozzarella-Tarte

ZUTATEN

Für den Teig

200 g Mehl

½ TL Salz

80 g kalte Butter

50 ml Weißwein

Für den Belag

50 g ungeschälte Mandeln

400 g schwarze entsteinte Oliven

200 g Mozzarella

2 Knoblauchzehen

Saft von ½ Zitrone

100 ml Olivenöl

1 gelbe Paprikaschote

1. Das Mehl und das Salz in eine Schüssel geben. Die Butter in Stücken dazugeben. Alles zwischen den Fingern zu einem krümeligen Teig verreiben. Den Weißwein dazugießen und den Teig schnell verkneten. Den Teig in Folie wickeln und etwa 30 Minuten kalt stellen.

2. Die Mandeln grob hacken und in einer Pfanne ohne Fettzugabe hellbraun rösten. 300 g Oliven und den Mozzarella sehr fein hacken. Den Knoblauch schälen und fein hacken. Sämtliche Zutaten mischen und den Zitronensaft sowie das Olivenöl darunter ziehen.

3. Den Teig auf einer bemehlten Arbeitsfläche ausrollen und auf ein gefettetes Backblech legen, dabei einen Rand hochziehen. Die Olivenmasse gleichmäßig auf dem Teig verteilen.

4. Den Backofen auf 200 °C vorheizen. Die Paprikaschote waschen, halbieren, entkernen und in kochendem Wasser etwa 8 Minuten kochen. Anschließend die Paprikahälften in möglichst lange, dünne Streifen schneiden.

5. Die Paprikastreifen gitterartig auf die Olivenmasse legen. Die restlichen Oliven halbieren und auf dem Belag verteilen. Die Tarte im Ofen auf der mittleren Schiene etwa 25 Minuten backen. Danach in Stücke schneiden und lauwarm servieren.

- *Ergibt ca. 24 Stücke*
- *Zubereitungszeit: ca. 90 Minuten*

Kalbfleisch-Trüffel-Terrine

Kalbfleisch-Trüffel-Terrine

ZUTATEN

Für die Terrine

400 g Kalbfleisch

150 g Schweinefleisch

100 g roher spanischer Schinken

2 Eier

1 frische oder eingelegte Trüffel (ca. 10 g)

Salz

schwarzer Pfeffer aus der Mühle

1 Msp. Muskatnuss, gerieben

2 cl spanischer Brandy oder Cognac

150 g Schinkenspeck, in dünnen Scheiben

Zum Garnieren

1 hart gekochtes Ei

50 kandierte Kirschen

1. Das Kalb- und das Schweinefleisch grob zerkleinern und zusammen mit dem Schinken zweimal durch den Fleischwolf drehen. Die Eier verquirlen und mit dem durchgedrehten Fleisch mischen.

2. Die Trüffel klein schneiden und zu der Fleischmasse geben. Die Masse mit dem Salz, dem Pfeffer und der Muskatnuss kräftig abschmecken. Zum Schluss den Cognac hinzufügen.

3. Den Backofen auf 220 °C vorheizen. Eine Kastenform mit den Schinkenspeckscheiben auslegen und die Fleischmischung hineingeben. Die Form in eine mit Wasser gefüllte Fettpfanne stellen und die Terrine etwa 1 Stunde garen.

4. Die Form aus dem Ofen nehmen, mit Alufolie abdecken und die Terrine im Kühlschrank erkalten lassen.

5. Die Terrine zum Servieren in Scheiben schneiden. Das Ei pellen und in Scheiben schneiden. Die Terrine mit den Eischeiben und den kandierten Kirschen garnieren.

- *Für 6 Personen*
- *Zubereitungszeit: ca. 90 Minuten*

Auberginen-Zucchini-Ragout

Auberginen-Zucchini-Ragout

ZUTATEN

500 g Auberginen

Salz

2 rote Paprikaschoten

500 g Zucchini

2 große Zwiebeln

4 Knoblauchzehen

100 ml Olivenöl

schwarzer Pfeffer aus der Mühle

2 TL Kreuzkümmel, gemahlen

1 TL Paprikapulver

1 Msp. Cayennepfeffer

4 Tomaten

Saft von 1 Zitrone

4 EL Thymian

1. Die Auberginen waschen, von den Stielansätzen befreien und klein würfeln. Die Auberginenwürfel in ein Sieb geben, mit Salz bestreuen und 30 Minuten Wasser ziehen lassen.

2. Die Paprikaschoten waschen, halbieren, entkernen und in kleine Würfel schneiden. Die Zucchini waschen, von den Stielansätzen befreien und klein würfeln.

3. Die Zwiebeln und den Knoblauch schälen und fein hacken. Den Backofen auf 200 °C vorheizen.

4. Die Auberginenwürfel trockentupfen. Sämtliches vorbereitetes Gemüse sowie das Olivenöl in einen Schmortopf geben. Das Ganze mit Salz, Pfeffer, Kreuzkümmel, Paprikapulver und Cayennepfeffer kräftig abschmecken. Anschließend das Gericht im Ofen etwa 30 Minuten garen.

5. Inzwischen die Tomaten waschen, entkernen, klein würfeln und zu dem Gemüse geben. Alles weitere 20 Minuten im Ofen garen lassen.

6. Den Gemüseeintopf mit dem Zitronensaft sowie dem Thymian würzen und erkalten lassen.

TIPP

Da dieses Gericht ziemlich lange im Ofen gegart werden muss, lohnt es sich, gleich größere Mengen herzustellen und den Rest einzufrieren.

- *Für 8 Personen*
- *Zubereitungszeit: ca. 90 Minuten*

Kartoffel-Quark-Tortilla

Kartoffel-Quark-Tortilla

ZUTATEN

900 g Kartoffeln
1 Zwiebel
3 Knoblauchzehen
5 Zweige Petersilie
3 EL Olivenöl
Salz
schwarzer Pfeffer aus der Mühle
6 Eier
500 g Quark (40% Fett)
1 EL Butter

1. Die Kartoffeln waschen, schälen und in etwa ½ cm große Würfel schneiden. Die Zwiebel und den Knoblauch schälen und fein hacken. Die Petersilie waschen, trockentupfen und ebenfalls fein hacken.

2. Das Öl in einer großen Pfanne erhitzen und die Kartoffeln darin von allen Seiten anbraten. Die Zwiebeln und den Knoblauch dazugeben und alles zugedeckt unter gelegentlichem Umrühren etwa 10 Minuten knusprig braten. Das Ganze mit Salz sowie Pfeffer würzen. Die Petersilie bis auf einen kleinen Rest untermischen und die Mischung offen abkühlen lassen.

3. Die Eier trennen. Den Quark mit den Eigelben schaumig rühren. Das Eiweiß halb steif schlagen und unter die Quarkmasse heben. Den Backofen auf 220 °C vorheizen. Zwei runde beschichtete Backformen oder ofengeeignete Pfannen leicht ausbuttern.

4. Die Kartoffeln mit dem Quarkteig mischen. Das Ganze in die beiden Formen füllen und auf dem Herd bei mittlerer Hitze braten, bis die Masse am Rand leicht zu stocken beginnt. Die Tortillas in den Ofen stellen und etwa 10 Minuten goldgelb überbacken.

5. Die Tortillas herausnehmen, mit der restlichen Petersilie bestreuen und sofort servieren.

TIPP

Servieren Sie dazu ein Tomatencoulis: 6 Tomaten enthäuten, entkernen und klein würfeln. Die Würfel in etwas heißem Olivenöl 1 bis 2 Minuten dünsten und mit Salz, Pfeffer und Majoran abschmecken.

• Für 4 Personen
• Zubereitungszeit: ca. 50 Minuten

Hackfleischbällchen mit Tomatensauce

Hackfleischbällchen mit Tomatensauce

ZUTATEN

Für die Sauce

1 kg reife Tomaten

1 Zwiebel

2 EL Olivenöl

200 ml Sherry

Salz

schwarzer Pfeffer aus der Mühle

Für die Fleischbällchen

50 g frische Weißbrotkrumen

6 EL Sherry

4 EL Pinienkerne

1 große Zwiebel

1 Knoblauchzehe

50 g entkernte Oliven

500 g Lamm- oder Rinderhackfleisch

1 Msp. Kreuzkümmel, gemahlen

2 EL Mehl

2 Lorbeerblätter

6 EL Olivenöl

1. Für die Sauce die Tomaten mit kochendem Wasser überbrühen, enthäuten, entkernen und klein würfeln. Die Zwiebel schälen und fein hacken.

2. Das Olivenöl in einem Topf erhitzen und die Zwiebelstücke darin andünsten. Die Tomatenwürfel dazugeben und alles unter gelegentlichem Umrühren zugedeckt etwa 20 Minuten köcheln lassen, bis die Sauce eingedickt ist. Die Sauce mit dem Sherry, dem Salz und dem Pfeffer abschmecken.

3. Für die Fleischbällchen die Brotkrumen mit dem Sherry in einer Schüssel mischen und etwa 10 Minuten ziehen lassen.

4. Die Pinienkerne in einer Pfanne ohne Fettzugabe hellbraun rösten. Die Zwiebel und den Knoblauch schälen und fein hacken. Die Oliven ebenfalls fein hacken.

5. Hackfleisch, Pinienkerne, Zwiebel, Knoblauch und Oliven zum Brot geben. Alles mit Salz, Pfeffer sowie Kreuzkümmel würzen und gründlich vermengen. Aus dieser Masse kleine Bällchen formen und diese in Mehl wenden.

6. Die Lorbeerblätter mit dem Olivenöl in einer Pfanne erhitzen und die Fleischbällchen darin rundherum etwa 6 Minuten kräftig anbraten. Die Tomatensauce getrennt dazu reichen.

• Für 4 Personen
• Zubereitungszeit: ca. 1 Stunde

Lammragout im Teigmantel

Lammragout im Teigmantel

ZUTATEN

Für den Teig

250 g Butter

2 Eigelb

500 g Mehl

6 EL Weißwein

6 EL Olivenöl

- *Für 4 Personen*
- *Zubereitungszeit: ca. 2,5 Stunden*

1. Die Butter mit den Eigelben schaumig rühren. Das Mehl sowie den Weißwein hinzufügen und alles zu einem glatten Teig verkneten. Das Öl portionsweise einkneten. Den Teig in Folie einschlagen und bis zur weiteren Verwendung kalt stellen.

2. Die Rosinen in Wein einweichen und zugedeckt bis zur weiteren Verwendung ziehen lassen.

3. Für die Füllung das Lammfleisch sowie den Speck in kleine Würfel schneiden und in eine Schüssel geben. Die Sobreasada zerpflücken und dazugeben. Mit Senf, Thymian, Salz und schwarzem Pfeffer kräftig abschmecken.

4. Den Backofen auf 180 °C vorheizen. Den Teig in 9 Stücke teilen. 8 Teile rund ausrollen (etwa 15 cm Ø). Die Füllung mit den Rosinen mischen und in der Mitte von 4 Teigstücken verteilen. Die Ränder mit etwas Wasser bestreichen. Jeweils 1 Teigstück darüber legen und gut andrücken. Aus dem letzten Teigstück Streifen schneiden, zu Zöpfen drehen und diese auf den Rand der Pasteten setzen.

5. Das Eigelb mit etwas Wasser verrühren und die Pasteten damit bestreichen. Die Pasteten mit einer Gabel mehrmals einstechen und im Ofen 45 Minuten backen.

TIPP

Sobreasada ist eine an der Luft getrocknete spanische Rohwurst aus Rindfleisch, gepökeltem Schweinefleisch und Speck, gewürzt mit Rotwein und Knoblauch. Als Ersatz kann man grobe Mettwurst mit Zugabe von Paprikapulver oder spanische Chorizo verwenden.

Für das Ragout

50 g Rosinen

2 EL Weißwein

150 g Lammfleisch aus der Keule

100 g fetter Speck

150 g Sobreasada

½ TL Senf

1 TL Thymian

Salz

schwarzer Pfeffer aus der Mühle

1 Eigelb

Nierentoast mit Knoblauch

Nierentoast mit Knoblauch

ZUTATEN

400 g Kalbs- oder Lammnieren

Paprikapulver

1 Zwiebel

1 Knoblauchzehe

1 kleine Chilischote

2 EL Olivenöl

200 ml Sherry

1 Stangenweißbrot

2 EL Petersilie, gehackt

Salz

schwarzer Pfeffer aus der Mühle

1. Die Nieren der Länge nach halbieren, alle Stränge herausnehmen und den größten Teil des Fettes wegschneiden. Die Hälften in etwa 1 cm dicke Scheiben schneiden und mit dem Paprikapulver würzen.

2. Die Zwiebel schälen und grob hacken. Den Knoblauch schälen und in Scheiben schneiden. Die Chilischote waschen, längs halbieren und entkernen.

3. Die Olivenöl in einer Pfanne erhitzen und darin die Zwiebel, den Knoblauch und die Chilischote einige Minuten dünsten. Das Gemüse aus der Pfanne nehmen und beiseite stellen.

4. Die Nierenscheiben portionsweise in die Pfanne geben, auf jeder Seite etwa 1 Minute kräftig anbraten und aus der Pfanne nehmen.

5. Den Sherry in die Pfanne gießen und bei starker Hitze offen bis auf etwa 2 Esslöffel Flüssigkeit einkochen lassen. Das Brot in etwa 2 cm dicke Scheiben schneiden und toasten.

6. Zwiebeln, Knoblauch, Nieren und Petersilie in die Sauce geben und alles vermischen. Das Ganze mit Salz und Pfeffer abschmecken, kurz erhitzen und auf den Toasts verteilen.

- *Für 4 Personen*
- *Zubereitungszeit: ca. 45 Minuten*

Gebratene Artischocken

ZUTATEN

16 kleine Artischocken

6 EL Olivenöl

Salz

weißer Pfeffer aus der Mühle

Saft von ½ Zitrone

1. Die Artischocken waschen, trockentupfen und von den äußeren Blättern befreien. Den Boden am Stielansatz abschneiden und die Artischocken halbieren.

2. Das Olivenöl in einer Pfanne erhitzen. Die Artischockenhälften darin anbraten und bei mittlerer Hitze unter Wenden 10 bis 15 Minuten dünsten.

3. Die Artischocken mit Salz sowie Pfeffer würzen und mit dem Zitronensaft beträufeln.

• Für 4 Personen
• Zubereitungszeit: ca. 30 Minuten

Saure Lammwürfel

ZUTATEN

500 g Lammschulter

2 Zwiebeln

8 Knoblauchzehen

4 EL Olivenöl

3 EL Petersilie, gehackt

1 TL Paprikapulver

Saft von 1½ Zitronen

Salz

schwarzer Pfeffer aus der Mühle

1. Das Lammfleisch in etwa 2 cm große Würfel schneiden. Die Zwiebeln und den Knoblauch schälen und fein hacken.

2. Das Olivenöl in einer Pfanne erhitzen und die Fleischwürfel darin kräftig anbraten. Zwiebeln, Knoblauch sowie Petersilie dazugeben und mitdünsten. Das Ganze mit dem Paprikapulver bestreuen und zugedeckt bei milder Hitze etwa 30 Minuten garen.

3. Den Zitronensaft angießen. Das Fleisch mit Salz sowie Pfeffer abschmecken und weitere 10 Minuten zugedeckt ziehen lassen. Das Gericht warm servieren.

• Für 4 Personen
• Zubereitungszeit: ca. 60 Minuten

Gebratene Artischocken *Saure Lammwürfel*

Steinbutt mit Champignons

ZUTATEN

1 kg küchenfertiger Steinbutt

Salz

weißer Pfeffer aus der Mühle

100 g Butter

1 Zwiebel

200 g Champignons oder Egerlinge

¼ l trockener spanischer Weißwein

Saft von 1 Zitrone

250 g süße Sahne

2 EL Petersilie, gehackt

1. Den Steinbutt von den Gräten lösen oder bereits vom Fischhändler filetieren lassen. Die Filets in je 4 Stücke schneiden und mit Salz sowie Pfeffer würzen. Eine feuerfeste Form ausfetten und die Fischstücke hineinlegen.

2. Den Backofen auf 180 °C vorheizen. Die Zwiebel schälen, die Champignons putzen und die Stiele herausdrehen. Die Zwiebel sowie die Pilzstiele fein hacken und über den Fisch streuen. Den Weißwein und den Zitronensaft angießen und 1 Esslöffel Butter in Flöckchen auf dem Fisch verteilen.

3. Ein Stück Alufolie auf der matten Seite mit Butter bestreichen und die Form damit zudecken. Den Fisch im Ofen etwa 30 Minuten garen, anschließend auf eine Servierplatte legen und warm stellen.

4. Die Champignonköpfe kurz in wenig Butter dünsten. Den Fischfond zusammen mit der Sahne in einen Topf geben und die restliche Butter darin schmelzen. Die Sauce mit Salz und Pfeffer abschmecken.

5. Den Fisch mit der Sauce begießen und die Champignonköpfe sowie die Petersilie darauf verteilen.

• Für 4 Personen
• Zubereitungszeit: ca. 1 Stunde

Steinbutt mit Champignons

Überbackene Jakobsmuscheln

ZUTATEN

12 Jakobsmuscheln mit Corail (ca. 300 g)

Saft von ½ Zitrone

4 EL Weinbrand

1 Zwiebel

2 Knoblauchzehen

5 EL Olivenöl

200 ml Weißwein

Salz

schwarzer Pfeffer aus der Mühle

Paprikapulver

1 Msp. Cayennepfeffer

4 EL Petersilie, gehackt

3 EL Semmelbrösel

1. Das rote Corail (= Rogen) von den Muscheln abschneiden. Die Muscheln mit dem Zitronensaft beträufeln und kalt stellen. Die Corails mit dem Weinbrand in einem Mixer oder mit dem Pürierstab fein pürieren.

2. Die Zwiebel und den Knoblauch schälen und fein hacken. 1 Esslöffel Olivenöl in einer Pfanne erhitzen und die Zwiebel sowie den Knoblauch kurz darin andünsten.

3. Die pürierten Corails dazugeben. Den Weißwein angießen und die Sauce bei starker Hitze offen auf die Hälfte einkochen lassen. Anschließend die Sauce mit Salz, schwarzem Pfeffer, Paprikapulver und Cayennepfeffer würzen.

4. Den Backofen auf 200 °C vorheizen. 4 feuerfeste Förmchen mit Olivenöl ausfetten. Große Muscheln quer halbieren, kleine Muscheln ganz in die Förmchen legen.

5. Die Petersilie mit den Semmelbröseln mischen und über den Muscheln verteilen. Die Muscheln mit der Sauce begießen und mit dem restlichen Olivenöl beträufeln. Das Gericht im Ofen etwa 10 Minuten überbacken.

- *Für 4 Personen*
- *Zubereitungszeit: ca. 45 Minuten*

Überbackene Jakobsmuscheln

Paella

ZUTATEN

8 Hähnchenbrustfilets

3 Tomaten

3 Paprikaschoten

1 Zwiebel

2 Knoblauchzehen

6 EL Olivenöl

3 Tintenfische, in Ringen

500 g Rundkornreis

1 Msp. Safran

Salz

250 g Venusmuscheln

500 g Miesmuscheln

250 g Garnelen

8 Scampi

300 g Erbsen (frisch oder TK-Ware)

1 unbehandelte Zitrone, geachtelt

100 g grüne Oliven

1. Die Hähnchenbrustfilets klein schneiden. Die Tomaten und die Paprikaschoten putzen, waschen und klein schneiden. Die Zwiebel sowie den Knoblauch schälen und ebenfalls klein schneiden.

2. Das Olivenöl in einer Paellapfanne erhitzen und das Fleisch sowie das Gemüse darin anbraten. Die Tintenfischringe dazugeben und kurz mitbraten.

3. Den Reis hinzufügen und soviel Wasser angießen, dass er leicht bedeckt ist. Die Paella mit dem Safran und dem Salz würzen.

4. Die Muscheln gründlich abbürsten, von den Miesmuscheln die Bärte entfernen und bereits geöffnete Muscheln wegwerfen. Die Muscheln auf den Reis setzen und alles etwa 20 Minuten kochen.

5. Die Garnelen, die Scampi und die Erbsen zu der Paella geben und alles etwa 10 Minuten kochen. Die Paella vor dem Servieren 5 Minuten ruhen lassen und danach mit den Zitronenachteln und den Oliven garnieren.

- *Für 8 Personen*
- *Zubereitungszeit: ca. 2 Stunden*

Paella

Garnelen mit Rosmarin

ZUTATEN

24 rohe Garnelen

5 rote Chilischoten

3 Knoblauchzehen

1 rote Paprikaschote

2 Zweige Rosmarin

4 EL Olivenöl

Salz

schwarzer Pfeffer aus der Mühle

2 EL Petersilie, gehackt

1. Die Garnelenschwänze vom Kopf abdrehen und vorsichtig aus den Schalen lösen. Die Garnelen auf dem Rücken längs mit einem Messer einschneiden und den schwarzen Darm entfernen. Anschließend waschen und trockentupfen.

2. Die Chilischoten waschen, längs halbieren, entkernen und grob zerkleinern. Die Paprikaschoten waschen, halbieren, entkernen und in etwa 1 cm große Würfel schneiden. Den Rosmarin waschen und trockenschütteln.

3. Das Olivenöl in einer Pfanne erhitzen und den Knoblauch sowie die Paprikawürfel darin dünsten. Die Garnelen sowie den Rosmarin dazugeben und alles etwa 2 Minuten unter ständigem Rühren braten.

4. Die Rosmarinzweige entfernen. Die Garnelen mit Salz sowie Pfeffer würzen und mit der Petersilie bestreuen.

TIPP

Garnelen sind roh leicht glasig und von grün-bräunlicher oder rosa bis braunroter Farbe. Beim Kochen werden die Tiere rot. Viele Unklarheiten gibt es bei ihrer Bezeichnung. Als „Shrimps“ werden in der Regel kleine Garnelenarten und als „Prawns“ große Garnelenarten bezeichnet.

- *Für 4 Personen*
- *Zubereitungszeit: ca. 30 Minuten*

Garnelen mit Rosmarin

Fischtopf auf Weißbrot

ZUTATEN

600 g Weißbrot

5 EL Olivenöl

2 Stangen Staudensellerie

1 Stange Lauch

1 kleine Fenchelknolle

4 Fleischtomaten

3 Knoblauchzehen

5 Zweige Petersilie

1 Zweig Oregano

300 g Petersfischfilet

1 kg gemischtes Fischfilet (z. B. Dorade, Brasse)

1 l Fischfond

Salz

schwarzer Pfeffer aus der Mühle

1 EL Paprikapulver

1 Zweig Estragon

Saft von ½ Zitrone

1. Den Backofen auf 220 °C vorheizen. Das Weißbrot in dünne Scheiben schneiden, mit etwas Olivenöl bestreichen und etwa 8 Minuten im Ofen knusprig backen.

2. Sellerie, Lauch sowie Fenchelknolle putzen, waschen und in feine Scheiben schneiden. Die Tomaten enthäuten, entkernen und grob würfeln. Den Knoblauch schälen und fein hacken. Die Petersilienblätter von den Stielen zupfen, Blätter und Stiele getrennt mittelfein hacken. Die Oreganoblätter von dem Stiel abstreifen.

3. Den Fisch waschen, trockentupfen und in mundgerechte Stücke zerteilen.

4. Etwas Öl in einer hohen Pfanne erhitzen und das Gemüse (bis auf die Tomaten) sowie die Petersilienstängel portionsweise darin glasig dünsten. Jede Portion mit etwas Oregano, Salz, Pfeffer und Paprikapulver würzen. Den Fischfond angießen und die Tomatenwürfel dazugeben, alles kurz aufkochen lassen.

5. Die Fischstücke sowie den Estragonzweig dazugeben und das Gericht auf kleinster Flamme 15 Minuten ziehen lassen.

6. Den Estragonzweig entfernen, den Zitronensaft und die Petersilienblätter dazugeben. Die Brotscheiben in Suppenteller legen und den Fischtopf darauf verteilen.

• Für 6 Personen
• Zubereitungszeit: ca. 90 Minuten

Fischtopf auf Weißbrot

Leber auf Gemüsebett

ZUTATEN

200 g Zucchini
1 Stange Lauch
2 Fleischtomaten
1 Zweig Thymian
1 Zweig Rosmarin
1 Bund Petersilie
400 g Rinderleber
4 EL Olivenöl
Salz
schwarzer Pfeffer aus der Mühle
1 EL Honig
Saft von ½ Zitrone
1 EL saure Sahne

1. Das Gemüse putzen und waschen. Die Zucchini halbieren und die Kerne mit einem Löffel herauskratzen. Den Lauch der Länge nach vierteln. Die Tomaten enthäuten und entkernen. Sämtliches Gemüse in mundgerechte Stücke schneiden.

2. Die Kräuter waschen, trockenschütteln und von den Zweigen streifen. Den Thymian und den Rosmarin fein hacken, die Petersilie grob hacken. Die Rinderleber in Streifen schneiden.

3. In einer Pfanne 3 Esslöffel Olivenöl erhitzen und die Zucchini sowie den Lauch darin andünsten. Zuletzt die Tomatenstücke dazugeben und kurz erhitzen. Das Gemüse mit Thymian, Rosmarin, Salz sowie Pfeffer würzen und zugedeckt warm halten.

4. In einer anderen Pfanne 1 Esslöffel Öl mit dem Honig erhitzen, bis der Honig zu karamellisieren beginnt. Die Leberstreifen darin etwa 2 Minuten von allen Seiten knusprig braten. Anschließend salzen, pfeffern und auf dem Gemüse verteilen.

5. Die Bratrückstände mit dem Zitronensaft sowie der sauren Sahne aufkochen. Die Sauce salzen, pfeffern und über Leber sowie Gemüse verteilen. Das Gericht mit Petersilie bestreut servieren.

- *Für 4 Personen*
- *Zubereitungszeit: ca. 40 Minuten*

Leber auf Gemüsebett

Hähnchen mit Mandel-Sahne-Sauce

ZUTATEN

2 Hähnchen (à 900 g)
2 Zwiebeln
4 Karotten
4 Stangen Lauch
2 EL Olivenöl
Salz
weißer Pfeffer aus der Mühle
¼ l Geflügelfond
150 g Mandeln, gemahlen
200 g süße Sahne
50 g Butter
250 g Ananas (aus der Dose)

1. Die Hähnchen waschen, trocknen und in Portionsstücke zerlegen. Die Zwiebeln schälen und fein hacken. Die Karotten und den Lauch waschen, putzen und in kleine Stücke schneiden.

2. Das Olivenöl in einem Schmortopf erhitzen, die Hähnchenteile darin anbraten und wieder herausnehmen. Danach die Gemüsestücke in dem Öl anbraten, das Fleisch wieder in den Topf legen und alles mit Salz sowie Pfeffer würzen.

3. Den Geflügelfond angießen und das Ganze etwa 15 Minuten bei mittlerer Hitze schmoren. Die Mandeln sowie die Sahne dazugeben und alles weitere 10 Minuten schmoren.

4. Inzwischen die Ananasscheiben abtropfen lassen und halbieren. Die Butter in einer Pfanne erhitzen und die Ananasscheiben kurz darin dünsten.

5. Die Hähnchenteile und das Gemüse auf Tellern verteilen und mit den Ananasscheiben garnieren. Die Sauce getrennt dazu reichen. Dazu passt Reis.

• Für 6 Personen
• Zubereitungszeit: ca. 1 Stunde

Hähnchen mit Mandel-Sahne-Sauce

Aprikosenpoularde

ZUTATEN

1 Poularde
Salz
schwarzer Pfeffer
1 EL Mehl
4 EL Olivenöl
1 große Zwiebel
3 Knoblauchzehen
150 g getrocknete Aprikosen
2 Lorbeerblätter
1 Zweig Majoran
1 Zweig Rosmarin
⅛ l Weißwein
1 TL Paprikapulver
125 g süße Sahne

1. Die Poularde in 6 bis 8 Teile zerlegen, mit Salz sowie Pfeffer würzen und mit Mehl bestäuben. Anschließend in einem Bräter von allen Seiten in heißem Olivenöl anbraten und herausnehmen.

2. Den Backofen auf 200 °C vorheizen. Die Zwiebel sowie den Knoblauch schälen und zusammen mit den Aprikosen grob hacken. Die Lorbeerblätter zerkrümeln, die Kräuter waschen und trockenschütteln.

3. Zwiebel, Knoblauch, Lorbeerblätter sowie Kräuter in den Bräter geben und etwa 2 Minuten anbraten. Den Weißwein angießen und etwas einkochen lassen. Die Aprikosen dazugeben.

4. Die Poulardenteile mit dem Paprikapulver bestreuen, in den Bräter legen und mit etwas Sauce begießen. Das Ganze im Ofen etwa 20 Minuten schmoren.

5. Das Fleisch aus der Sauce nehmen und warm halten. Die Sauce mit der süßen Sahne mischen, etwas einkochen lassen und auf den Poulardenteilen verteilen. Dazu passt Weißbrot.

TIPP

Man kann das Gericht warm oder kalt servieren.

- *Für 6 Personen*
- *Zubereitungszeit: ca. 1 Stunde*

Aprikosenpoularde

Panierte Lammkoteletts auf Zitronen

ZUTATEN

16 Lammkoteletts

2 Knoblauchzehen

4 EL Olivenöl

½ TL schwarzer Pfeffer

1 Zitrone

4 EL Mehl

2 Eier

50 g Semmelbrösel

100 g Mandeln, fein gehackt

3 Zweige Rosmarin

Salz

1. Die Rippen der Lammkoteletts völlig von Fleisch und Sehnen befreien. Den Knoblauch schälen, fein hacken und mit 1 Esslöffel Olivenöl und etwas Pfeffer zu einer Marinade verrühren. Die Koteletts damit einreiben und 30 Minuten ziehen lassen.

2. Inzwischen die Zitrone filetieren. Hierzu die Schale mit einem scharfen Messer bis auf das Fruchtfleisch abschälen. Entlang der Innenhäute keilförmig zur Mitte schneiden, sodass die Spalten des Zitronenfleisches ohne Innenhaut herausgelöst werden können. Die Filets auf Tellern verteilen und den Saft auffangen.

3. Die Koteletts salzen, in Mehl wenden und anschließend in den verquirlten Eiern wenden. Die Semmelbrösel mit den Mandeln mischen und die Koteletts abschließend darin wenden. Die Panade gut andrücken.

4. Das restliche Olivenöl erhitzen und die Koteletts darin braten. Das Fleisch auf den Zitronenfilets anrichten und mit dem Rosmarin garnieren.

TIPP

Als Beilage passen Rosmarinkartoffeln. Hierzu Kartoffeln schälen, in 2 cm große Würfel schneiden und zusammen mit fein gehacktem Rosmarin in heißem Olivenöl etwa 15 Minuten braten. Mit Salz, Pfeffer und etwas Zitronensaft würzen.

- *Für 4 Personen*
- *Zubereitungszeit: ca. 40 Minuten (plus Marinierzeit: ca. 30 Minuten)*

Panierte Lammkoteletts auf Zitronen

Lammtopf mit Trockenobst

ZUTATEN

100 g getrocknete Aprikosen

100 g getrocknete Feigen

80 g Rosinen

¼ l Weißwein

800 g Lammkeule ohne Knochen

Mehl zum Bestäuben

Salz

schwarzer Pfeffer aus der Mühle

1 große Zwiebel

4 Knoblauchzehen

80 g geschälte Mandeln

1 Bund Koriandergrün

4 EL Olivenöl

1 TL Senf

1 Msp. Muskatnuss, gemahlen

¼ l Lammfond

3 EL saure Sahne

2 Eigelb

1. Die Aprikosen, die Feigen und die Rosinen über Nacht in Weißwein einlegen.

2. Das Lammfleisch in etwa 5 cm lange, dünne Streifen schneiden, leicht mit Mehl bestäuben, salzen und pfeffern. Die Zwiebel und den Knoblauch schälen und in dünne Scheiben schneiden. Die Mandeln grob hacken, das Koriandergrün klein schneiden.

3. Den Backofen auf 200 °C vorheizen. Das Öl in einem Bräter erhitzen und das Fleisch darin scharf anbraten, dann den Senf dazugeben und verrühren. Die eingelegten Früchte mitsamt der Flüssigkeit sowie den Großteil des Koriandergrüns dazugeben. Das Ganze mit Salz, Pfeffer und Muskatnuss kräftig würzen.

4. Den Lammfond angießen und alles verrühren. Das Gericht im Ofen etwa 40 Minuten schmoren lassen.

5. Die saure Sahne mit den Eigelben verrühren und unter den Lammtopf ziehen. Das Gericht mit dem restlichen Koriandergrün bestreuen.

TIPP

Die Garzeit des Fleisches hängt von der Größe der Streifen ab. Man verlängert die Garzeit, wenn das Fleisch nach der angegebenen Zeit nicht weich ist. Bei zu langer Garzeit wird aber das Trockenobst matschig.

- *Für 4 Personen*
- *Zubereitungszeit: ca. 90 Minuten (plus Einweichzeit: ca. 12 Stunden)*

Lammtopf mit Trockenobst

Hase in Rotwein-Brandy-Sauce

ZUTATEN

1 küchenfertiger Hase mit Innereien

100 g roher spanischer Schinken

100 g Speck

2 Zwiebeln

5 Knoblauchzehen

⅛ l Olivenöl

Salz

schwarzer Pfeffer aus der Mühle

¼ l spanischer Rotwein

2 cl spanischer Brandy

250 g Tomaten

1 Zweig Thymian

2 EL Petersilie, gehackt

300 g kleine Champignons oder Egerlinge

8 Weißbrotscheiben, geröstet

1. Den Hasen in Stücke zerteilen. Dazu den Kopf, die Keulen und die Vorderläufe mit einem scharfen Messer abtrennen und den Rücken zweimal durchschneiden. Die Leber und die Nieren klein schneiden und beiseite stellen.

2. Den Schinken und den Speck in kleine Würfel schneiden. Die Zwiebeln und den Knoblauch schälen und fein hacken. Das Olivenöl in einem Schmortopf erhitzen, die klein geschnittenen Zutaten darin anbraten und wieder herausnehmen.

3. Den Backofen auf 220 °C vorheizen. Die Fleischstücke salzen, pfeffern und in dem sehr heißen Öl von allen Seiten anbraten. Die Innereien kurz im Bratfett mitbraten. Das Fleisch mit dem Rotwein und dem Brandy begießen.

4. Die Tomaten enthäuten, entkernen, in kleine Würfel schneiden und zusammen mit der Schinkenmischung zum Fleisch geben. Das Ganze kräftig salzen und pfeffern, mit dem Thymian sowie der Petersilie mischen und bei geschlossenem Deckel etwa 15 Minuten im Ofen schmoren.

5. Inzwischen die Champignons oder Egerlinge putzen, nach Belieben klein schneiden und zum Fleisch geben. Das Gericht nochmals 15 bis 25 Minuten schmoren, bei Bedarf etwas Wasser angießen. Die Hasenstücke anrichten und mit den Weißbrotscheiben garnieren.

- *Für 4 Personen*
- *Zubereitungszeit: ca. 2 Stunden*

Hase in Rotwein-Brandy-Sauce

Gebackene Apfelringe

ZUTATEN

Für die Äpfel

500 g Äpfel

70 g Zucker

Saft von 1 Zitrone

5 EL spanischer Brandy

Für den Teig

125 g Mehl

2 Eigelb

1 Msp. Salz

⅛ l Milch

abgeriebene Schale von 1 unbehandelten Zitrone

50 g Zucker

1 TL Zimt, gemahlen

2 Eiweiß

Außerdem

¼ l Öl zum Frittieren

Puderzucker zum Bestäuben

1. Die Äpfel waschen, schälen, das Kerngehäuse ausstechen und in etwa 1 cm dicke Ringe schneiden.

2. Den Zucker mit dem Zitronensaft und dem Brandy verrühren. Die Apfelringe in der Zitronenmischung wälzen und etwa 30 Minuten im Kühlschrank durchziehen lassen.

3. Das Mehl mit den Eigelben und dem Salz verrühren. Die Milch portionsweise dazugeben und das Ganze mit der Zitronenschale, dem Zucker und dem Zimt mischen.

4. Die Eiweiße steif schlagen, unter den Teig heben und diesen etwa 30 Minuten ruhen lassen.

5. Das Öl stark erhitzen. Die Apfelringe in den Teig tauchen und in dem Öl goldbraun backen. Die Ringe auf Küchenpapier abtropfen lassen und vor dem Servieren mit dem Puderzucker bestäuben.

VARIATION

Der Teig ist zum Ausbacken unterschiedlichster Früchte geeignet. Im Süden Spaniens werden auf diese Weise auch die Blätter des Zitronenbaumes zubereitet.

- *Für 6 Personen*
- *Zubereitungszeit: ca. 30 Minuten (plus Marinierzeit: ca. 30 Minuten)*

Gebackene Apfelringe

Karamellcreme

ZUTATEN

Öl zum Ausfetten
150 g Zucker
½ Vanilleschote
½ l Milch
2 Eier
2 Eigelb

• Für 6 Personen
• Zubereitungszeit: ca. 80 Minuten (plus Kühlzeit: 12 Stunden)

1. Mit dem Öl 6 kleine Förmchen ausfetten. In einem Topf mit hellem Boden 100 g Zucker zu goldbraunem Karamell schmelzen lassen. Den Boden der Förmchen durch Schwenken gleichmäßig mit dem Karamell bedecken.

2. Die Vanilleschote längs aufschlitzen und das Mark mit einem spitzen Löffel herauskratzen. Die Milch zusammen mit dem Vanillemark erhitzen.

3. Den Backofen auf 175 °C vorheizen. Die Eier, die Eigelbe und den restlichen Zucker vermischen. Dann unter ständigem Rühren langsam die heiße Milch dazugießen und alles so lange rühren, bis sich der Zucker gelöst hat.

4. Die Eiermilch in die Förmchen gießen und auf die Saftpfanne des Backofens stellen. Die Saftpfanne in der Ofen schieben und seitlich kochendes Wasser bis etwa 2 cm unterhalb des Förmchenrandes angießen. Die Creme etwa 45 Minuten stocken lassen.

5. Die Förmchen aus dem Wasserbad nehmen und über Nacht kalt stellen. Zum Servieren mit einem Messer am Förmchenrand entlang fahren und die Creme auf Portionsteller stürzen.

TIPPS

Der Karamell darf nicht zu dunkel werden, sonst schmeckt er bitter. Karamellreste im Topf lösen sich problemlos, wenn man sie über Nacht in Wasser einweicht.

Karamellcreme

Mandelreis mit Feigen

ZUTATEN

120 g Rundkornreis

1 Vanilleschote

Schale und Saft von ½ unbehandelten Zitrone

¾ l Milch

6 EL Honig

1 Msp. Salz

1 Msp. Safran

200 g getrocknete Feigen

80 g geschälte Mandeln

2 EL Butter

1. Den Reis waschen und abtropfen lassen. Die Vanilleschote aufschlitzen und das Mark herauskratzen. Die Zitronenschale abreiben und den Saft auspressen.

2. Die Milch mit 5 Esslöffeln Honig, Vanillemark und Salz zum Kochen bringen. Den Reis einrieseln lassen und die Zitronenschale sowie den Safran einrühren. Die Hitze reduzieren und das Ganze zugedeckt etwa 40 Minuten unter gelegentlichem Umrühren köcheln lassen.

3. Inzwischen die Feigen und die Mandeln grob hacken. 1 Esslöffel Butter und 1 Esslöffel Honig schmelzen und die Mandeln darin anrösten. Die Feigen dazugeben und das Ganze unter den Reis ziehen.

4. Die restliche Butter mit dem Reis mischen und alles zugedeckt etwa 5 Minuten ziehen lassen. Den Reis mit dem Zitronensaft aromatisieren und auf Tellern anrichten.

TIPP

Wer's alkoholischer mag, kann die Feigen 1 bis 2 Stunden in Madeira oder Portwein marinieren.

- *Für 4 Personen*
- *Zubereitungszeit: ca. 1 Stunde*

Mandelreis mit Feigen

Rezeptverzeichnis

Apfelringe, gebackene 58
Aprikosenpoularde 50
Artischocken, gebratene 34
Artischockenböden mit Gemüsefüllung 19
Artischockentortilla 11
Auberginen-Zucchini-Ragout 25
Bohnen-Lamm-Suppe 7
Calamares auf Salatbett 17
Fischtopf auf Weißbrot 44
Garnelen mit Rosmarin 42
Gemüsesuppe, kalte 9
Hackfleischbällchen mit Tomatensauce 29
Hähnchen mit Mandel-Sahne-Sauce 48
Hase in Rotwein-Brandy-Sauce 56
Jakobsmuscheln, überbackene 38
Kalbfleisch-Trüffel-Terrine 23
Karamellcreme 62
Karottensalat, fruchtiger 11
Kartoffel-Quark-Tortilla 27
Lammkoteletts auf Zitronen, panierte 52
Lammragout im Teigmantel 31
Lammtopf mit Trockenobst 54
Lammwürfel, saure 34
Leber auf Gemüsebett 46
Mandelreis mit Feigen 62
Nierentoast mit Knoblauch 33
Oliven-Mozzarella-Tarte 21
Paella 40
Paprika-Knoblauch-Salat 13
Salat mit Meeresfrüchten 15
Steinbutt mit Champignons 36
Tomaten-Meeresfrüchte-Suppe 5

Der Text dieses Buches entspricht den Regeln der neuen deutschen Rechtschreibung.

Fotos: S. 61: **M. Brauner**, Karlsruhe; S. 1, 4, 8, 22, 37, 41, 49, 57, 59: **TLC-Foto-Studio GmbH**, Velen-Ramsdorf; alle übrigen Fotos: **Martin Krapohl**, Düsseldorf

Layout: Ulrike Selders, Köln
Redaktion: Ingrid Ahnert, Kunreuth/Ralf Labitzky
Satz und Herstellung: Peter Beckhaus, Mainz

817 2635 4453 6271

1079800X03 02 01 00